Forts. 3. Umschlagseite

# Rheingrenze und Pufferstaat

Eine volkswirtschaftliche Betrachtung

Von

Dr. Bruno Kuske

Professor der Wirtschaftsgeschichte
an der Handelshochschule zu Köln

Herausgegeben
vom Freiheitsbund der deutschen Rheinlande

Bonn 1919
A. Marcus & E. Webers Verlag
(Dr. jur. Albert Ahn)

Rheingrenze und Pufferstaat! Schon bei entferntester Erwägung dieser politischen Ziele fühlen wir alle einmütig, daß für uns Verstandeserwägungen zurücktreten hinter der Tatsache, daß es für uns Herzenssache ist, solche Bestrebungen abzuweisen. Daß die Rheinlande unlösbar mit dem großen deutschen Vaterlande verbunden sind, lebt uns so in Fleisch und Blut, daß wir den bloßen Hinweis auf unsere Stammeszugehörigkeit und das uns ausdrücklich zugesicherte Selbstbestimmungsrecht der Völker als hinreichend erachten, um diese Pläne abzutun.

Und doch ist es notwendig, auch zu prüfen und zu sagen, auf welchen realen Grundlagen die Zugehörigkeit der Rheinlande zum ganzen Deutschland beruht, und welche Tragweite eine Trennung des wirtschaftlichen Zusammenhanges zwischen beiden haben muß. Wir müssen uns klar machen, welche wirtschaftlichen und damit welche sozialen und kulturellen Werte auf dem Spiele stehen, welche politischen Gefahren unsere Zukunft bedrohen, wenn eines von beiden, Rheingrenze oder Pufferstaat, Wirklichkeit werden sollten.

Es kann nicht genug betont werden, daß das wirtschaftlich blühendste und reichste Land ganz Deutschlands auf dem Spiele steht und der Zerrissenheit oder einer unheilvollen Scheinselbständigkeit preisgegeben werden soll.

Rheinland und Westfalen, die Kernstücke des geplanten Pufferstaates, sind ein Gebiet von 47 000 qkm, das rund 9 % des deutschen und 14 % des preußischen Bodens umfaßt; ihr Bevölkerungsanteil — bereits im Jahre 1910 11 $^1/_4$ Millionen stark — beträgt aber 18 bezw. 29 %. Im einzelnen entfallen hiervon auf das Rheinland, dessen Schicksal uns besonders angeht, mit seinen 27 000 qkm 5 % der deutschen und 8 % der preußischen Fläche, sowie mit 7,125 Millionen 11 % der deutschen und 18 % der preußischen Bevölkerung.

Das Urteil über die Bedeutung eines Landes hängt nicht nur von seiner Größe und Volkszahl, sondern vor allem auch von seines Volkes Leistungen, von seiner äußeren Ausstattung und dem Schwunge seiner wirtschaftlichen Entwicklung ab. Ein wichtiger Gradmesser ist hierbei die Betätigung in Industrie, Handel und Verkehr, also in den Wirtschaftszweigen, die mehr als die vom Ausmaß ihres Bodens beschränkte Landwirtschaft imstande sind, ein schnell emporwachsendes Volk zu ernähren und der eigentliche Unterbau seiner Kultur zu sein. Und das von ihnen geschaffene großstädtische Leben ist ganz besonders die Grundlage aller weiteren geistigen Leistungen in Volkswohlfahrt, Wissenschaft und Kunst und mindestens der vorherrschende Träger des Verständnisses für sie. Länder mit starker Industrie- und Handelsentwicklung und vorwärtsstrebenden Großstädten sind die Führer im zivilisatorischen Aufstieg der Menschheit geworden.

In dieser Hinsicht beanspruchen Rheinland und Westfalen eine Bedeutung, die über den erheblichen Anteil ihres Bodens und ihrer Volkszahl am deutschen Ganzen noch beträchtlich hinausgeht.

Bereits im Jahre 1907, aus dem uns die letzten umfassenden und zugunsten der Westprovinzen sicher längst veralteten Zahlen vorliegen, gehörten im Rheinland 61 %, in Westfalen 64 % aller arbeitenden Menschen der Industrie, dem Handel und dem Verkehr an, während deren Beteiligung im Reich nur 49, in Preußen nur 48 % betrug; und von 1882 bis 1907 wuchsen die entsprechenden Menschenzahlen von 2,4 auf 4,6 im Rheinland, von 1,15 auf 2,7 Millionen in Westfalen an.

Daraus erklärt es sich auch, daß beide Provinzen unter den größeren deutschen Gebieten im Laufe des letzten Jahrhunderts ständig mit die größten jährlichen Volkszunahmen (von 1,40 ver. 1,44 %) aufzuweisen hatten und hierin nur vom Königreich Sachsen übertroffen, von dem durch die Stadt Berlin in nicht vergleichbarer Weise beeinflußten Brandenburg nur erreicht wurden.

Besonders das Rheinland weist eine hervorragende großstädtische Entwicklung auf, die am besten damit gekennzeichnet ist, daß fast $^1/_4$ aller deutschen und genau $^1/_3$ aller preußischen Orte mit mehr als 100 000 Einwohnern in seinen Grenzen liegt. Westfalen, bei dem das Einzelhofsystem bis zum heutigen Tage in der Entwicklung der Ortsgrößen nachzuwirken scheint, zeigt wenigstens eine auffallend große Zahl von Mittelstädten und großen stadtähnlichen Landgemeinden.

Diese Zahlen beweisen Blüte, Fortschritt und Schwung, und unsere Provinzen haben sie außer ihrer eigenen Ausstattung und Veranlagung vor allem der Zugehörigkeit zu einem großen und im ganzen vorwärtsstrebenden Lande zu verdanken, mit dem sie in wechselseitigem Austausch von Gütern und Menschen auf das engste verbunden sind. Sie haben ihn namentlich dem Umstande zu verdanken, daß sie dem Reiche und besonders dem preußischen Staate, wie sofort zu zeigen sein wird, außerordentlich viel zu geben haben und daß sie sich innerhalb dieser größeren Verbände erst wahrhaft ausleben können. Es ist mit Bestimmtheit anzunehmen, daß sie das bei der Einverleibung in den Westen oder bei der Abtrennung zu einem vereinzelten Sonderstaat nicht mehr vermögen werden, da sie in diesem Falle entweder auf den Wettbewerb des neuen „Vaterlandes“ oder auf einen wesentlich verminderten Bedarf stoßen werden. Der Pufferstaat kann dazu auch mit einer verstärkten handelspolitischen Gegnerschaft seiner Nachbarn rechnen. Seine Stellung wird in dieser Hinsicht z. B. den wirtschaftlich ähnlich gearteten und scharf mit ihm konkurrierenden Belgien und England gegenüber wesentlich schwächer sein, als wenn das Deutsche Reich mit seinem größeren wirtschaftlichen Gewicht seine Politik führt. Das gleiche ist für seine Beziehungen zu dem an sich schon weniger als Deutschland verbrauchenden Frankreich anzunehmen, zumal von diesem eine verschärfte Fortsetzung seiner altgewohnten Handelspolitik zu erwarten ist, die sich stets durch rücksichtslosesten nationalen Egoismus gekennzeichnet hat. Dieser dürfte schon durch die Notwendigkeit des „Wiederaufbaues“ neue reiche Nahrung erhalten.

Deutschland aber kann, so sehr es auf die Erzeugnisse des Pufferstaates angewiesen sein wird, diesem dennoch das Leben durch die Handhabung seiner Zollpolitik erschweren. Ihm bietet sich z. B. in dem Umstand, daß es englische und amerikanische Waren zum Ersatz heranziehen kann, ein Mittel, ihn zu seinem Nachteil gefügig zu machen.

Das alles sind allgemeine Tatsachen, die bereits sehr geeignet sind, den bisherigen westdeutschen wirtschaftlichen Aufst eg zu hemmen.

Eine eingehendere Betrachtung der wirtschaftlichen Eigenart unserer Provinzen und namentlich des am meisten betroffenen Rheinlandes enthüllt weitere Gefahren.

Das Wirtschaftsleben von Rheinland-Westfalen wird vor allem durch seinen gewaltigen Bergbau und seine Metallindustrie charakterisiert.

Der Steinkohlenbergbau an der Ruhr, Saar und Inde-Wurm fördert jährlich rund 125 Millionen Tonnen, d. i. 70 % der gesamten deutschen Erzeugung, und diese Mengen verteilen sich auf die genannten Bezirke mit 106, 16 und 3 Millionen. Dem preußischen Staate würde nach der Abtrennung des Westens in der Hauptsache nur das ober- und niederschlesische Gebiet bleiben, von denen das erstere mit seinen 40 bis 45 Millionen Tonnen übrigens noch durch die polnischen Ansprüche gefährdet ist. Der Fiskus selbst ist dazu an der westdeutschen Ausbeute mit rund 30 Millionen Tonnen beteiligt, da er den Saarbergbau zu 99 % beherrscht und neuerdings auch im Ruhrrevier seit Entwicklung seiner großen Schächte im Norden und seit der während des Krieges erfolgten Erwerbung der Riesenzeche Hibernia der größte Unternehmer geworden ist.

Auch im Braunkohlenbergbau Deutschlands nimmt besonders das Rheinland eine Stellung von wachsender Bedeutung ein, indem es fast $^1/_4$ der Gesamterzeugung liefert, die ihren Sitz in den sich längs des Vorgebirges parallel zum Rhein bis weit in die Kreise Neuß und Grevenbroich erstreckenden Streifen hat, wo sich auch die größten Braunkohlenunternehmen Deutschlands entwickelt haben, die nur von einem Werke in der Provinz Sachsen an Kapitalkraft übertroffen werden.

Der jährliche Wert der in Rheinland-Westfalen gewonnenen Stein- und Braunkohle überstieg schon im Jahre 1912 1½ Milliarde Mark; die Zahl der Arbeiter betrug rund 460 000 gegen 270 000 des übrigen Deutschlands.

Ganz parallel liegen die Verhältnisse in der Eisenindustrie. Beide Provinzen gewannen im Jahre 1913 etwa 53 % des deutschen Roheisens, nämlich $10^1/_4$ von $19^1/_3$ Millionen Tonnen (Ruhrgebiet: 42½ %, Saargebiet $7^1/_{10}$ %, westfälisches Siegerland 3½ %). Die entscheidende Bedeutung des ganzen westdeutschen Zollgebietes für unsere wirtschaftliche Zukunft wird noch klarer, wenn man bedenkt, daß außerdem der luxemburgisch-lothringische, also außerhalb beider Provinzen gelegene, mit ihnen aber aufs engste durch die gleichen Unternehmungen verbundene Bezirk für sich allein weitere 33,3 % herstellt, so daß also von den Gebieten, deren Verlust uns droht, mehr als 86 % des Roheisens aufgebracht wird. Verdeutlicht wird die Sachlage weiterhin durch den Hinweis darauf, daß die rheinisch-westfälische Eisenindustrie zum großen Teil in ihrer Roheisengewinnung von den Erzlieferungen des lothringisch-luxemburgischen Bezirks nach dem Ruhrgebiet abhängig geworden ist und gerade aus diesem Grunde große Zweigwerke in jenem anlegte, deren Erzeugung in den lothringisch-luxemburgischen Zahlen steckt. Besonders die Ruhrindustrie pflegte außerdem vor dem Kriege einen sehr wesentlichen Teil ihres Erzbedarfes aus Spanien und Schweden und anderen Ländern zu decken; da aber besonders die beiden erstgenannten Länder während des Krieges in nicht zu unterschätzendem Umfange zu eigener Verhüttung ihrer Erze übergegangen sind, so gewinnt die Abtrennung von Lothringen-Luxemburg vom deutschen Wirtschaftsgebiet eine sehr erhöhte Bedeutung, zumal gleichzeitig für die ersten Jahre kaum zu erwarten ist, daß diese Ausfälle von neu erschlossenen überseeischen Erzlagern her wett gemacht werden können. Weiter kommt hinzu, daß auch das nächstbedeutende — oberschlesische — Industriegebiet, das mehr als 5 % (1 Million Tonnen) des Roheisens hervorbringt, unsicher ist.

Es ist selbstverständlich, daß auch die Stahlerzeugung Rheinland-Westfalens die stärkste in Deutschland ist; ja gerade auf diesem Gebiet äußert sich die hohe Leistungsfähigkeit unserer Provinzen in der Eisenindustrie ganz besonders. Ruhr- und Saargebiet stellten nämlich im Jahre 1913 von den 18,9 Millionen Tonnen ganz Deutschlands mit 12,2 Millionen fast $^2/_3$ her, und diese Stahlmenge war um 3,6 Millionen Tonnen größer als die des Roheisens, was sich daraus erklärt, daß Lothringen-Luxemburg, die nur mit 20 % an der deutschen Stahlproduktion beteiligt sind, den beiden Gebieten bedeutende Roheisenbestände für die Stahlgewinnung lieferten. Außerdem ist die rheinisch-westfälische Industrie in neuerer Zeit dazu übergegangen, besonders den hochwertigeren Siemens-Martinstahl zu gewinnen, wobei große Mengen Alteisen mit verbraucht werden. Diese Stahlsorte wurde im Jahre 1913 in unserem Gebiet bereits in gleicher Menge wie der in roherem Verfahren erzeugte Konverterstahl, den Lothringen und Luxemburg bevorzugen, ausgebracht.

Auf dieser gewaltigen Schwerindustrie beruht ein großartiges und nahezu lückenlos ausgebautes System von Walzwerken, Gießereien, Kraft- und Werkzeugmaschinenfabriken und von Fabriken und Werkstätten der Kleineisenindustrie, wie es in Deutschland und in ganz Europa nicht wieder zu verzeichnen ist.

In der Montan- und Metallindustrie beider Provinzen sind Milliarden von Kapitalien angelegt, die sich von Riesenbetrieben wie Krupp (250 Millionen Mark), der Gelsenkirchener Bergbau-A.-G. (180 Millionen Mark), der Deutsch-Luxemburgischen Bergwerks- und Hütten-A.-G. zu Bochum (130

Millionen Mark) oder dem Phoenix zu Hörde (106 Millionen Mark) bis zum kleinsten handwerksmäßigen Hammer des Märkischen Landes abstufen. Die gesamte Metallindustrie beider Provinzen beschäftigt 750 000 Arbeiter.

Neben der Kohlen- und Eisenproduktion hat besonders die des Zinkes namentlich im Rheinland überragendere Bedeutung; sie ist neben der von Schlesien und Belgien die bedeutendste in Europa. Ihre Unternehmungen beruhen zum Teil auf Kapitalien, deren Größe immerhin an die der mittleren Eisenwerke heranreicht (A.-G. für Bergbau, Blei- und Zinkfabrikation in Stolberg rund 30 Millionen, Rhein-Nassauische Bergwerks- und Hütten-A.-G. 13 Millionen Mark).

Die schwere Industrie mit ihren riesigen und mannigfaltigen Anlagen und ihren Arbeiterscharen hat mittelbar und unmittelbar besonders im Rheinland eine sehr bedeutende Hilfsindustrie hervorgerufen, ohne die jene sich kaum zu ihrer jetzigen Größe entwickeln konnte und die auch durch direkte Leistungen an das übrige Deutschland und an den Weltmarkt sehr wichtig ist.

In nicht weniger als 5000 Betrieben mit 100 000 Beschäftigten erfolgt allein in der Rheinprovinz die Verarbeitung der Steine und Erden, also in einem Umfange, der das gleiche Gewerbe aller anderen preußischen Gebiete übertrifft und in Deutschland nur von der allerdings weniger qualifizierten bayrischen Industrie überragt wird.

Die rheinische Basalt- und Traßindustrie ist mit der Hauptversorger des gesamten Wasserbaues an der Nord- und Ostseeküste bis hinein in die russischen Buchten und wickelt sich teilweise in sehr großen Unternehmungen ab, von denen z. B. die Basalt-A.-G. in Linz 9 Millionen Mark Kapital und 4000 Arbeiter beschäftigt. Die Rheinisch-Westfälischen Kalkwerke zu Dornap im Bergischen Lande, von der die Schwerindustrie mit einem ihrer wichtigsten Hilfsstoffe beliefert wird, stellen einen Trust von 13,5 Millionen Mark Kapital dar. Eine Weltstellung nimmt die Rheinische Steingutindustrie ein, die ein Viertel der gleichartigen Unternehmungen und ihrer Arbeiter von ganz Deutschland umfaßt; es sei nur an die unter ihnen führende Firma Villeroy & Boch in Mettlach an der Saar erinnert.

Die rheinische Glasindustrie vertritt $^1/_8$ der gesamtdeutschen. Sie hat in der A.-G. der Gerresheimer Glashüttenwerke die größte Flaschenfabrik Europas entwickelt, und bei weitem der größte Teil des deutschen Spiegelglases wird in rheinischen Fabriken gewalzt.

Auf der Produktion der meisten dieser Industrien, sowie auf ihrem und dem Bedarf der anderen, allen voran der Textilindustrie, baut sich im Rheinland die bedeutendste chemische Industrie Deutschlands auf, die allein in der Rheinprovinz 30 000 Personen beschäftigt.

Die Schwefelsäure-Industrie beruht zum größten Teil auf der Röstung der Schwefelkiese und Zinkerze und unterhält daher mannigfache Beziehungen zur Eisen-, Kupfer- und Zinkindustrie. Auf sie und die Ammoniakgewinnung der Kohlenzechen stützt sich eine gewaltige Sodaproduktion und die der übrigen Säuren.

Und Schwefelsäure, Kalk, Soda und Kohle sind die hauptsächlichen Grundstoffe des großartigen Oberbaues der chemischen Industrie, unter der die der Farben und Sprengstoffe die erste Stelle einnehmen, deren große Werke den gesamten Produktionsverlauf von der Gewinnung eigener Kohle und anderer Urstoffe sowie der Säuren und Alkalien an bis zum verfeinertsten Fabrikat hin im eigenen Betriebe vereinigen.

So ist Köln der Sitz des deutschen „Ultramarintrustes" (Vereinigte Ultramarinfabriken A.-G.), der sich vor allem auf das alte große Werk von Leverkus in Leverkusen rechts des Rheines unterhalb der Stadt stützt, der zahlreiche aufgekaufte Werke in Deutschland stillgelegt hat und nun die gesamte Herstellung des Ultramarins und seiner näheren Verwandten in Deutschland regelt. Eine ähnliche ausschlaggebende Stellung nimmt Köln in der deutschen Blei- und Zinkweißindustrie ein. Über die Hälfte des Bleiweißes wird in seiner nächsten Umgebung hergestellt, und es ist daher auch der Sitz der Verkaufsstellen der Syndikate dieser Metallweißfarben für das ganze Reich. In der Lithoponfabrikation ist das Rheinland sogar relativ noch überlegener, da hier fast die gesamte Menge dieser wichtigen Farbe in Deutschland gemacht wird.

Vor allem ist die Bedeutung der rheinischen Anilinfarbenindustrie im Vergleich zu der des übrigen Deutschland überwältigend und das besonders, wenn man die an der Rheinlinie südlich unserer Provinz liegenden Werke mit in Betracht zieht.

Die deutsche Farbengroßindustrie ist seit dem 1. Januar 1916 in einem großen trustartigen Verband zusammengefaßt, der mit Aktienkapital und Reserven und unter Berücksichtigung der Aktienkurse ein Kapital von etwa 1200 Millionen Mark umfaßt, und der für den Kampf auf dem Weltmarkt nach dem Kriege abgeschlossen wurde. Er setzt sich zusammen aus den Farbenfabriken vorm. Friedr. Bayer & Co. in Leverkusen (90 Millionen Mark Aktienkapital), den Badischen Anilin- und Sodafabriken in Ludwigshafen (90 Millionen Mark), den Farbwerken vorm. Meister, Lucius und Brüning in Höchst (90), der Akt.-Ges. für Anilin-Fabrikation in Treptow bei Berlin (33), den Chemischen Fabriken Griesheim-Elektron (25), Leopold Cassella & Co. (45), beide in Frankfurt am Main und Weiler-ter Mer in Ürdingen (10). Außerdem wurde von ihm noch ein großes altes Unternehmen in Barmen aufgekauft. Diese Übersicht zeigt, daß der Schwerpunkt dieser besonders auch für unsere Geltung auf dem Weltmarkt so außerordentlich wichtigen Industrie bei weitem am Rhein liegt und daß sie durch Rheingrenze oder Pufferstaat Deutschland teilweise oder fast ganz verloren gehen würde.

Es handelt sich hierbei nicht nur um die Produktion der Grundstoffe und der Farben, von denen letztere in unserer jährlichen Ausfuhr vor dem Kriege allein mit 300 Millionen Mark vertreten waren, sondern auch um die Erzeugung der allerwichtigsten medizinischen Stoffe (Fieber-, Schlaf- und Diätmittel, Salvarsan usw.), sowie von photographischen und anderen technischen Chemikalien, mit denen Deutschland vom Rheingebiet aus in nur schwach angefochtenem Umfange die Welt versorgte.

Diese chemische Industrie ist zugleich die Mutter einer weit über übliche Größen hinaus ragenden Industrie der künstlichen Düngemittel und vor allem der Sprengstoffe. Die letztere war bisher die leistungsfähigste der ganzen Welt und nahm besonders mittels ihrer technischen Fortschritte eine führende internationale Stellung ein, und zwar unter Leitung der Köln-Rottweiler Pulverfabriken in Köln. Zwar werden Abrüstung und Völkerbund die Wichtigkeit dieses Gewerbes vermutlich zurückdrücken. Aber Sprengstoffe für friedliche Zwecke werden infolge der durch den Krieg angebahnten Erschließung neuer Bodenschätze in allen Erdteilen in gesteigertem Umfange erforderlich sein. Dazu wird die deutsche Sprengstoffindustrie, deren Hauptfabriken ebenfalls zum größten Teile in unseren Provinzen liegen, Ersatz in der Herstellung allgemeinerer chemischer Stoffe und besonders auch von Farben suchen. Eine Verständigung hierüber ist mit dem Farbenverband bereits angebahnt, wodurch das Schwergewicht seiner Industrie und damit das der westdeutschen Volkswirtschaft eine weitere große Verstärkung erfahren wird.

Die rheinisch-westfälische elektrische Industrie tritt zwar hinter der von Berlin und Süddeutschland zurück, wird von dieser teilweise beherrscht oder hat, wie das Rheinisch-

Westfälische Elektrizitätswerk in Essen, das auf Grund eines Kapitals von 50 Millionen unter Ausnützung der Kokereigase der Kohlenzechen weithin Städte und Werke mit Elektrizität und Gas versorgt, mehr nur provinzielle Bedeutung. Dennoch ist die der elektrischen nahestehende große Kölner Kabelindustrie erheblich an der Gründung und Führung des deutschen Überseekabelwesens beteiligt, was schon daraus hervorgeht, daß die deutschen Kabelgesellschaften ihren Sitz in Köln haben.

Die rheinische Textilindustrie beansprucht ebenfalls einen sehr bedeutenden Anteil an der gesamtdeutschen. Das gilt namentlich für die Seidenindustrie des Krefelder Bezirkes und des Wuppertales, die $^{2}/_{3}$ der deutschen umfassen. Krefeld allein setzt jährlich 100 Millionen in Seidenwaren ab, hat sich auf dem Weltmarkt hervorragend durchgesetzt und ist hier besonders auch mit seiner Krawattenindustrie tonangebend geworden.

Die rheinische Tuchindustrie, die sich vorwiegend an die Aachener Gegend hält, beansprucht $^{1}/_{6}$ der deutschen, und ähnlich verhält sich zu dieser die Leinenindustrie, die allerdings ihren Hauptsitz mehr im östlichen Westfalen hat, wo z. B. Bielefeld die größte deutsche Flachsspinnerei aufweist. Die rheinisch-westfälische Baumwollindustrie drängt sich hingegen näher an den Rhein heran, wo sie sich am linken Ufer mit dem Mittelpunkt in M.-Gladbach, sowie auf dem rechten im Wuppertal und drüben nach der holländischen Grenze zu im Münsterland ausbreitet, das z. B. in Gronau das bedeutendste deutsche Spinnereiunternehmen hervorbrachte. In Rheinland und Westfalen läuft $^{1}/_{5}$ aller deutschen Baumwollspindeln und -webstühle, die sich in etwa gleicher Zahl auf beide Provinzen verteilen.

Auf dieser Textilindustrie erhebt sich die Weltindustrie des Wuppertales, von der die Erzeugnisse der Spinnerei, Weberei und Färberei gemeinsam mit einer bunten Fülle anderer Rohstoffe zu Bändern, Spitzen, Litzen, Besätzen, Posamenten, Knöpfen, Gürteln, Hosenträgern und Kurzwaren verarbeitet werden, ein großartiges Seitenstück zu der eng benachbarten Kleineisenindustrie des bergisch-märkischen Landes.

Nach der Zahl der von ihr beschäftigten Personen umfaßt die rheinisch-westfälische Textilindustrie mit etwa 250 000 Köpfen etwa 20 % der deutschen; sie zeichnet sich aber vor der der anderen Gebiete durch ihren harmonischen Aufbau und damit durch die Allseitigkeit ihrer Erzeugung aus.

Mit all diesen, meist Mineralien und Fasern gewinnenden oder verarbeitenden Gewerben ist jedoch die Reihe der auch verhältnismäßig im deutschen Ganzen bedeutenden Industrien besonders in der Rheinprovinz bei weitem nicht erschöpft.

Das rheinische Ledergewerbe ist noch heute trotz der Überhandnahme der Quebracho-, Chrom- und Schnellgerbung berühmt mit seinen lohgaren Sohlledern der Eifel und ihrer Grenzgebiete. Es hat in der Herstellung von Chevreau- und Boxcalfleder, sowie von feinen Möbel- und Täschnereiledern z. B. in Kirn und Kreuznach Weltfirmen gezeitigt. Es weist in Bonn die größte Lacklederfabrik in Deutschland auf. Aachen ist stets führend gewesen mit seinen Treibriemenfabriken, Mülheim an der Ruhr mit seiner Wagen- und Geschirrlederindustrie. Gemeinsam mit der ebenfalls sehr erheblichen, besonders in Köln vereinigten Gummiindustrie steht die des Leders in der Rheinprovinz nur hinter der viel einseitiger gearteten und mehr Fertigfabrikation treibenden von Brandenburg-Berlin zurück. Ihr gehört $^1/_{10}$ der deutschen zu, die im ganzen rund 48 000 Betriebe mit mehr als 200 000 Personen beschäftigt. Von den etwa 20 000 in den rheinischen Leder- und Gummibetrieben tätigen entfallen allein auf die Gerberei 7000.

Ganz ähnlich steht die rheinische Papierindustrie da. Sie kennzeichnet sich wie die Lederindustrie vor der der übrigen deutschen Gebiete durch ihre Qualitätsleistungen sowohl bei der Herstellung des ersten Fabrikates, als auch in einer außerordentlich vielseitigen und verfeinerten Weiterbearbeitung aus, die in etwa 1800 Betrieben mit 25 000 Beschäftigten erfolgt. Diese Zahlen bedeuten $^1/_{10}$ der deutschen Papierindustrie; sie werden aber ganz erheblich zugunsten des Rheinlandes durch den viel höheren Wert seiner Erzeugnisse verschoben und in vielen Sonderzweigen, wie z. B. in Tapeten, Briefumschlägen, Schreibwaren, Pergament- und öldichten Papieren ist die rheinische Papierindustrie bahnbrechend und führend geworden.

Die Lebensmittelindustrie des Rheinlandes ist an sich schon wegen des gewaltigen Bedarfes des Industriegebietes sehr beträchtlich. Sie hat aber darüber hinaus auch Erscheinungen von deutscher und von Weltmarktbedeutung entwickelt. Es sei nur an die bedeutendste Schokoladenfabrik der Welt, Gebr. Stollwerck in Köln, oder an die gewaltigen Margarinefabriken des Niederrheins erinnert (z. B. van den Bergh in Kleve mit 31 Millionen Mark Kapital und 3000 Arbeitern). Die deutsche Schaumweinindustrie hat sich zum wesentlichsten Teile im Rheinland und seinen südlichen Nachbargebieten am Rhein eingerichtet.

Der namhaften Industrie der Westprovinzen muß naturgemäß ein hochentwickeltes Bankwesen entsprechen, das mit hunderten von Millionen arbeitet, das die Großunternehmungen finanziert und ihre laufenden Geschäfte erledigt. Es ist aber bemerkenswert, daß besonders in den letzten Jahren die rheinischen Banken, die sich bisher mit großer Zähigkeit eine gewisse provinzielle Selbständigkeit gewahrt hatten, schließlich dennoch größtenteils der Macht der auf Berlin konzentrierten Großbanken unterlagen. Besonders mit dem Übergang der Bergisch-Märkischen Bank in Elberfeld an die Deutsche Bank leitete sich ein spannender Prozeß von großen Fusionen ein, deren aufsehenerregendste die des Schaaffhausenschen Bank-Vereins in Köln mit der Diskontogesellschaft im Jahre 1914 und der Rheinisch-Westfälischen Diskonto-Gesellschaft in Aachen mit der Dresdner Bank im Jahre 1917 waren. Die Bedeutung der rheinischen Banken hat sich wieder mehr auf große Privatfirmen zurückgezogen, deren Einfluß auf das westdeutsche und das gesamtdeutsche Wirtschaftsleben besonders auch auf persönlichen Momenten beruht und sich darin verrät, daß ihre Unternehmer mit die meisten Aufsichtsratsmandate auf sich vereinigen. Ein Kölner Bankier steht in dieser Hinsicht überhaupt an erster Stelle im deutschen Unternehmertum. Es kommt noch hinzu, daß in neuerer Zeit die Spitzen der westdeutschen Großindustrie anfangen, besonders die Finanzierungen ohne die Banken vorzunehmen, und daß sie diese zu entbehren wissen, da sie hierin stark genug geworden sind.

Die Bedeutung des westdeutschen geschäftlichen Zahlungsverkehrs spiegelt sich z. B. auch in der alle anderen überragenden Größe des Kölner Postscheckamtes und darin wider, daß sich 20 % des ganzen Reichsbankumsatzes mit Rheinland-Westfalen abwickelt. Eine Parallele hierzu ist die Tatsache, daß die rheinisch-westfälischen öffentlichen Sparkassen am Schlusse des Jahres 1913 nicht weniger als 38 % aller preußischen und 25 % aller deutschen Sparkasseneinlagen zu verzeichnen hatten.

Schon dieser kurze Einblick in die wirtschaftlichen Leistungen der Westprovinzen enthüllt, welche Wirkungen ihre Losreißung und ihre Überführung in einen Pufferstaat für das deutsche Wirtschaftsleben haben wird. Es würde sich um eine unerhörte Verstümmelung Deutschlands handeln, deren Tragweite noch dadurch vergrößert wird, daß zugleich auch das zweitwichtigste Gebiet der schweren Industrie — Oberschlesien — bedroht ist. Man will also einem Volke, das mit den Deutsch-Österreichern weiterhin

70 Millionen stark bleiben würde, die Hauptgrundlagen seiner Wirtschaft und Kulturentwicklung — Kohlen-, Eisen- und chemische Industrie — bis auf kümmerlichste Reste nehmen! Man will es namentlich in der Eisenindustrie, mit der es bei weitem an erster Stelle in Europa stand, fast zu einem Nichts verurteilen!

Es ist klar, daß der Verlust der Westprovinzen den Untergang Deutschlands bedeuten würde. Er würde das deutsche Volk zur Auswanderung zwingen und den Zurückbleibenden ein kümmerliches Dasein bereiten, das nur der dauernde Nährboden einer inneren Anarchie und einer erschreckenden Unmoral sein könnte. Und da nicht angenommen werden kann, daß sich ein Volk von 70 Millionen, das sich während eines ungeheuren Krieges als den anderen Völkern mindestens gleichwertig erwiesen hat, trotz aller jetzigen Willenlosigkeit und aller Abstumpfung gegen sein Schicksal jemals aufgeben wird, so muß der Pufferstaat die Kriegsgefahr von Dauer bedeuten.

Wie dazu Deutschland und vor allen Dingen Preußen die Abtrennung finanziell verwinden wollen, ist vollkommen unerfindlich. Ganz abgesehen von der sofort eintretenden Verwüstung ihres Staatskredites und den damit verbundenen Schädigungen ihrer jetzigen Gläubiger, werden sie nicht imstande sein, die vom Kriege geschlagenen Wunden ihrer Finanzen zu heilen, geschweige denn Kriegsentschädigungen zu zahlen, noch künftige staatliche Friedensaufgaben zu leisten. Am schwersten würde naturgemäß der preußische Staat betroffen werden, mit dem die Westprovinzen volks- und staatswirtschaftlich am engsten verbunden sind.

Es wurde bereits erwähnt, welche großartigen Betriebe der Fiskus in der westdeutschen Montanindustrie, im Ruhrgebiet und an der Saar besitzt. Sie werden ergänzt durch das dichteste Eisenbahnnetz, das er innerhalb seines Bahnsystems unterhält, durch eine erhebliche unmittelbare Beteiligung an der Rhein- und Kanalschiffahrt, durch Domänen und Forsten und zahlreiche andere Unternehmungen, deren Verlust seinem Haushalt einen schwer zu überwindenden Schaden bereiten würde. Dieser würde durch die dauernde Einbuße an laufenden Einkünften empfindlich vermehrt werden, da die Westprovinzen dem Gesamtstaat einen Ertrag an direkten Steuern liefern, der verhältnismäßig höher als ihr Bevölkerungsanteil ist und sich auf 35 % beläuft, gegenüber einer Einwohnerzahl von 29 %.

Er selbst wird, wie schon oben erwähnt wurde, durch seine Losreißung ebenfalls schwer betroffen werden. Er kann politisch und wirtschaftlich seiner ganzen Natur nach nur abhängige Interessensphäre oder ein Streitobjekt sein.

Lehnt er sich an den Westen an, so fällt seiner Industrie die schwere Aufgabe der Anpassung an ein neues, teilweise mit ihr scharf wettbewerbendes Wirtschaftsgebiet zu. Es ist fraglich, ob sie bei ihrer allgemeinen Schwächung die mehrfache Umstellung — zuerst auf den Krieg, danach auf den Frieden und schließlich auf die Friedensarbeit innerhalb eines anderen Landes mit anderen Absatzbedingungen — in allen ihren Teilen noch leisten kann. Sodann aber ist sicher, daß sie, besonders sofern es sich um Fertigfabrikate z. B. der Metall-, Textil-, chemischen, Leder- oder Papierindustrie handelt, in Frankreich und Belgien auf ganz bedeutende Absatzhindernisse stoßen wird, da diese Länder hierin sich in der Hauptsache selbst genügten. Ob ihr statt dessen der Weltmarkt, auf dem sie nur unter sehr ungünstigen Bedingungen wird auftreten können, Ersatz für den deutschen Markt zu bieten vermag, ist ebenfalls ungewiß.

Der Pufferstaat wird also seine wirtschaftlichen Kräfte nicht mehr frei entfalten und nicht gehörig ausnützen können. Seine bisher so schwungvolle Entwicklung muß gelähmt werden. Das wird sich aber vor allem dadurch verstärken, daß dieses Gebilde stets darauf gefaßt sein muß, Kriegsschauplatz zu werden, eine Aussicht, die in seinen Grenzen allen Unternehmungsgeist unterdrücken, und die auch von vornherein seinen Staatskredit vermindern wird. Es liegt auf der Hand, welche Folgen das für sein Volk hat; es wird kranken und verelenden wie das deutsche Volk.

Dieser Staat wird uns dann an die berüchtigten herrenlosen Grenzstreifen und -länder erinnern, die Neger- und Indianerstaaten zwischeneinander aufrecht zu erhalten pflegen, jene verödeten, der Wildnis, der Verwahrlosung und dem Verbrechen preisgegebenen Gebiete, dazu verurteilt, das ständige Schlachtfeld für die ewigen Fehden der Anlieger zu sein!

Aber Europa ist nicht Afrika. Frankreich ist nicht Wadai und Deutschland nicht Kordofan, als daß sie sich eine derartige für benachbarte Kulturstaaten so gänzlich veraltete Politik leisten könnten, die hier unfehlbar zur erneuten endgültigen Entscheidung über das Grenzgebiet drängen müßte! Dieses würde auch selbst endlich stürmisch den Austrag fordern.

Aber auch die Bildung der Rheingrenze wird ähnliche Wirkungen haben, da sie ähnlichen Bedingungen gehorcht.

Hierbei handelt es sich zugleich um eine Zerreißung engster wirtschaftlicher Verbindungen und eines fest gefügten Organismus im einzelnen, der deshalb entstanden ist, weil der Strom als trennende Macht gegenüber dem neuzeitlichen Kulturwillen ohnmächtig, und weil er selbst eine seine Ufer fest verknüpfende Kraft geworden ist.

Die Querwirkung des Stromes ist aufgehoben und gegenstandslos geworden; dafür hat sich seine Längswirkung frei und großartig entfaltet, und deren Ziel ist nicht Trennung, sondern Verbindung!

Diese Feststellung wird durch die wirtschaftlichen Tatsachen überzeugend bestätigt.

Es wird über den Strom hinüber- und herübergewirtschaftet, gleichsam als ob dieser nicht vorhanden wäre oder in einer Form, bei welcher der Strom die westöstlichen Beziehungen als Verkehrsweg überhaupt begründet oder mindestens wirksam fördert. Das gilt nicht nur für die an sich ja lockeren und gegen Grenzziehung weniger empfindlichen Kapitalverbindungen, sondern auch für den Austausch von Fabrikaten und Rohstoffen und namentlich für so intime Verbindungen, wie sie zwischen verschiedenen Abteilungen der gleichen Unternehmung, die auf beiden Uferseiten verteilt sind, bestehen.

Es wurde bereits berührt, daß Berg- und Eisenwerke gleichzeitig Betriebe rechts und links des Rheines unterhalten. Sie besitzen Kohlenzechen, Hochöfen, sowie Stahl- und Walzwerke im Ruhrgebiet und Eisengruben und Hochöfen in Luxemburg oder Lothringen und tauschen zwischen ihnen Erze, Roheisen und Koks aus. Aus diesen Gründen sind die Ruhr-Eisenwerke zum Erz nach dem Süden gegangen und die Eisenwerke an der Saar und in Lothringen-Luxemburg zur Kohle nach dem Norden. Diese Entwicklung hat sich nicht in einzelnen Ausnahmefällen vollzogen, sondern ist namentlich für die größten Werke auf beiden Seiten, wie z. B. für Gelsenkirchen, Phoenix, Deutsch-Luxemburg, Thyssen, Röchling, Stumm, Rombacher Hütte, de Wendel beinahe die Regel geworden, so daß eine große Produktion, Hunderttausende von Arbeitern, sowie Kapitalien von Hunderten von Millionen von ihrem weiteren ungestörten Verlauf abhängen.

Mitunter können solche Verbindungen über den Rhein hinweg zwischen den beiden großen Industriegebieten recht vielseitig sein, wie das Beispiel des Lothringer Hütten- und Bergwerkvereins in Nilfingen zeigt, der mit dem Fassoneisenwerk L. Mannstaedt in Kalk, der Düsseldorfer Eisen- und Drahtindustrie in Düsseldorf, der Friedrich-Wilhelms-Hütte in Troisdorf und zwei Kohlenzechen im Ruhrgebiet verschmolzen ist.

Aus ähnlichen Gründen wie die Verknüpfungen der Ruhr mit Lothringen-Luxemburg-Saar erfolgte eine so gewaltige Verschmelzung wie die der Gelsenkirchener Bergbau-Aktien-Gesellschaft in Gelsenkirchen mit dem Aachener Hüttenverein Rothe Erde in Aachen, dem zweitgrößten Aktienunternehmen in der deutschen Industrie.

Die rechtsrheinische Draht- und Kabelfirma Felten & Guilleaume in Köln-Mülheim betreibt linksrheinisch ein Braunkohlen- und Brikettwerk in Liblar und ein Stahlwerk in Luxemburg zu ihrer Versorgung.

Die großen zu beiden Seiten des Rheines gelegenen chemischen Fabriken besitzen eine gemeinsame Kohlenzeche im Ruhrgebiet.

Ein zweites wichtiges Verbindungsgebiet quer über den Strom entwickelte sich in der Montan- und Eisenindustrie unten am Niederrhein. Dort begann zuerst die Firma Haniel ihren rechtsrheinischen Zechen die linksrheinische Rheinpreußen anzugliedern. Neuerdings haben auch andere große Ruhrfirmen, wie Phoenix und Krupp, wichtige Kohleninteressen in dem aussichtsreichen Gebiet zwischen Strom und Grenze begründet. Stellenweise setzt der Abbau der beiderseitigen Kohlenflöze sogar unter dem Rhein hinweg in engster technischer Verschmelzung der beiden Ufergebiete ein. Eine bemerkenswerte Verbindung ist mit dem linken Rheinufer sogar die Prager Eisenindustrie in Wien — das größte Unternehmen der österreichischen Schwerindustrie — eingegangen, das die Absicht hat, von seinen bei Issum und Rheinberg angekauften Kohlenfeldern aus Koks über Rhein und Donau nach seinen alpinen Werken und über den künftigen Mittellandkanal nach seinen böhmischen Betrieben auszuführen.

Ein zweites Motiv zur Vereinigung der beiden Ufer gab am Niederrhein die Einfuhr ausländischer Erze ab. Sie veranlaßte bekanntlich überhaupt den Zug der Hüttenwerke zum Rhein und die Entstehung einer imposanten Hochofen- und Stahlwerksindustrie am Wasser. Krupp gründete aus diesem Grunde die große Friedrich-Alfred-Hütte auf der linken Seite in Rheinhausen.

Auch sonst ist das nördliche linke Rheinufer jetzt das Ziel zahlreicher industrieller Neugründungen, da das rechte Ufer keinen Platz für große Anlagen besonders am Strome selbst mehr hat, während doch das Bestreben nach Vereinfachung der Transporte, die Flucht vor dem Wagenmangel der Eisenbahnen, sowie die Rücksicht auf Verringerung der

Transportkosten ans Wasser drängen. Der Zug zum linken Ufer wird dort zugleich durch billige Bodenpreise und das Entgegenkommen der Gemeinden gefördert. Daher haben sich so wichtige Unternehmen, wie die Metallfarben herstellende Gewerkschaft Sachtleben in Homberg, die rechtsrheinische Zink- und Eisenerze und sogar Erze, die ihr von Magdeburg aus zugeführt werden, verwendet, oder das Stahlwerk Becker in Willich bei Krefeld, das hochwertigen Elektrostahl herstellt, dahin gewendet, obwohl ihr Absatz hauptsächlich mit nach der rechten Rheinseite erfolgt.

Eine dritte Anregung zu wechselseitigen Verbindungen gab der Schwerindustrie der Braunkohlenbergbau des Vorgebirges. Das Braunkohlenbrikett drang in steigendem Umfange ins Ruhrgebiet, also selbst ins Reich der Steinkohle ein und machte sich hier dieser gegenüber durch seine vorteilhafteren technischen Eigenschaften und seinen billigen Preis besonders in den Siemens-Martin-Öfen, deren rasche Zunahme im Ruhrgebiet bereits mitgeteilt wurde, unentbehrlich. Die neuen großen Elektrizitätswerke des Braunkohlengebietes fingen an, ihren Strom auch auf das rechte Ufer zu entsenden. Umgekehrt gründete das Rheinisch-Westfälische Elektrizitätswerk in Essen im Braunkohlengebiet die große Zentrale Berggeist, und die rechtsrheinische chemische Industrie richtete hier neue auf der elektrischen Kraft beruhende Stickstoff- und metallurgische Fabriken ein oder erwarb Kohlengruben und Brikettfabriken zu eigener Versorgung.

In der Metallindustrie sei hier noch auf die Verschmelzung der großen Waggonfabrik Herbrand in Köln-Ehrenfeld mit den Linke-Hofmann-Werken in Breslau oder auf die Vereinigung von nicht weniger als 7 Akkumulatoren-, Motoren-, Kraftwagen- und ergänzenden Metallwaren-Fabriken in Köln-Kalk, Ehrenfeld, Lindenthal, Klettenberg, Berlin, Apolda und Erbisdorf in Sachsen zu einem einzigen Unternehmen hingewiesen.

Rechts- und linksrheinische Zechen und Eisenwerke sind zu Kohlensyndikat, Stahlwerksverband und anderen Kartellen verbunden und regeln Produktion und Absatz gemeinsam, wie ja überhaupt die Syndikate oft wieder besondere Gesellschaftsunternehmen mit bedeutenden Kapitalien, großem Personal und umfangreichen Verwaltungsgebäuden und -einrichtungen sind und auch für sich erhebliche sachliche und persönliche Werte darstellen.

Die Beidseitigkeit der chemischen Industrie ging bereits aus den früheren Ausführungen hervor. Ihre Bedeutung für die Frage der Rheingrenze wird durch die sehr enge Interessengemeinschaft der beteiligten Werke gesteigert. Die einzelnen Unternehmen haben sich aber auch für sich in einander ergänzenden und unlösbaren Betrieben auf beiden Ufern eingerichtet.

So haben z. B. die Bayer'schen Farbenfabriken schräg gegenüber von Leverkusen bei Worringen große neue Werke im Anschluß an die alten gegründet und Braunkohlenfelder im Kreise Grevenbroich belegt.

Die berühmte Duisburger Kupferhütte in Duisburg liefert Schwefelkiese an rechts- und linksrheinische Schwefelsäure-Fabriken zur Röstung und nimmt sie zurück, um daraus Kupfer und Eisen zu gewinnen.

In Köln bilden rechts- und linksrheinische chemische Werke ein Unternehmen, ebenso wie die bekannte große Fabrik Rhenania in Aachen und die chemische Fabrik Hönningen miteinander vereinigt sind. Die deutsche Ammoniak-Verkaufsvereinigung in Bochum ist eine gemeinsame Organisation zahlreicher beidseitiger Kohlenzechen und chemischer Fabriken.

Ähnlich arbeitet auch die elektrische Industrie über den Strom hinweg. Das Rheinisch-Westfälische Elektrizitätswerk sendet z. B. eine Starkstromfernleitung von einem Kraftwerk bei Düsseldorf nach dem linksrheinischen Gebiet hinüber. Die Rheinischen Schuckert-Werke in Mannheim betreiben zahlreiche linksrheinische Überlandzentralen in Hessen, der Pfalz und im südlichen Rheinlande.

Gleiche und meist sehr bedeutende Kombinationen liegen in der Stein-, Ton-,. Glas- und Sprengstoffindustrie vor.

Die rheinische Textilindustrie neigt ihrer zur größtmöglichen Betriebskonzentration drängenden Natur nach weniger zu auseinander liegenden Abteilungen. Bei ihr wird die Abhängigkeit vom anderen Ufer mehr von Industrieart zu Industrieart unterhalten, im Garn- und Farbstoffbezug und in anderem unentbehrlichen Austausch. Sie besitzt aber zahlreiche Verbände, die von den Hauptorten des Gewerbes oder von den Großstädten am Rhein aus über ihr ganzes Gebiet, ja oft über ganz Deutschland tätig sind.

Die Banken haben natürlich das ganze Land gleichmäßig mit ihren Geschäftsstellen überzogen, ebenso wie der Warenhandel keine Grenze am Strome beim Absatz zieht. Die Organisation des letzteren ist jedoch oftmals auf bestimmte Orte konzentriert und bedient sich hier großer Lager- und Markteinrichtungen, die auf einen ungestörten, möglichst großen Bezug und Vertrieb nach allen Seiten hin abgemessen sind, und die ihre Bedeutung und ihren Wert verlieren würden, wenn man bei ihren Orten eine neue Landesgrenze ziehen würde. Besonders bei den Massengütern stützt sich dieser Handel auf die Rheinplätze, da die Ware auf dem Strom kommt und geht oder am Orte ihren größten Verbrauch findet, oder da die Großstädte überhaupt nur imstande sind, genügend große und geeignete Einrichtungen zu treffen.

So ist Köln der größte Viehmarkt von Westdeutschland geworden, der weithin die Provinz mit Schlacht- und Zuchtvieh versorgt. Ähnlich arbeitet Neuß von seinem Markte aus. Die rheinisch-westfälische Getreide- und Mehlversorgung stützt sich auf die großen Hafenmühlen und Lagerhäuser von Duisburg, Düsseldorf, Neuß oder Köln und findet ihre Parallelen für das süddeutsche Rheingebiet in Mannheim und Ludwigshafen. Köln ist Lagerplatz für Spiritus, der von seinen Tanks am Rhein aus nach beiden Ufern hin an den größten Teil der Provinz verteilt wird. Der gewaltige Duisburger Holzhandel steht in vielseitigem Geschäftsverkehr nach allen Richtungen.

Ähnlich ist die Vertriebsorganisation der großen Unternehmen des Kleinhandels geschaffen. Die westdeutschen Warenhäuser oder Kaffeegroßröstereien und anderen Lebensmittelgeschäfte halten selbstverständlich bei der Ausgestaltung ihrer Zweigstellen keine Rheinlinie inne, sondern verbreiten sie zu Hunderten nach beiden Seiten hin.

Ohne Rücksicht auf eine etwaige Abgrenzung durch den Strom, sondern vielmehr aus anderen Gesichtspunkten haben sich auch die Rheinstädte und deren Verkehrseinrichtungen, wie Bahnhöfe und Häfen, entwickelt.

Die Stadtverwaltungen versuchen ihr Gebiet nach bestimmten Plänen ausbauen zu lassen, in denen der Strom und seine Ufer eine einschneidende, aber verbindende Rolle spielen. Sie erstreben dabei für die einzelnen Uferteile eine gewisse Spezialisation, die von der Beschaffenheit und allgemeinen Lage des Ufers, dem Umfang und der Art seiner bereits vorhandenen Bebauung, der Führung von Eisenbahnlinien und Straßen, von Bodenpreisen usw. abhängig ist.

Da das der Stadt gegenüber liegende Ufer in der Regel freier und von einem billigen unerschlossenen Hinterland umgeben ist, so wird dorthin der Industriehafen verlegt und damit zugleich eine Umgruppierung der alten, sowie eine bestimmte Vereinigung der neu hinzukommenden Industrie angebahnt. Der Handelsverkehr wird auf ein anderes Hafenbecken konzentriert und womöglich hier ebenfalls spezialisiert. Man trennt örtlich die öffentlich bewirtschafteten Umschlags- und Lagerplätze und Speicher von den privaten. So entsteht eine oft beidseitige Organisation, die nur als Ganzes in einheitlicher Verwaltung benutzbar und lebensfähig ist, und deren Zerschneidung alle Beteiligten aufs schwerste schädigen und lähmen würde.

Solche mehr oder weniger ausgeprägte beidseitige Hafenorganisationen haben sich in Straßburg-Kehl, Mannheim-Ludwigshafen, Mainz-Kastel-Amöneberg-Kostheim-Gustavsburg, Köln-Deutz-Mülheim, Düsseldorf-Heerdt (im weiteren Sinne mit Neuß) sowie in Duisburg-Ruhrort-Homberg-Rheinhausen herausgebildet.

Ihnen entsprechen meist große besondere Bahnanlagen und Güterbahnhöfe, deren Einrichtung verwandten Gesichtspunkten entspringt, und die ihnen auch absichtlich angepaßt werden, so daß also die Eisenbahnverwaltung in die Abhängigkeitsverhältnisse des Stadtentwicklungs- und des Hafensystems mit hineingezogen wird. Die Eisenbahn pflegt aber auch selbständig und ohne Verbindung mit diesen Faktoren ähnliche Verkehrssysteme beidseitig einzurichten, bei denen die Spezialbahnhöfe und -anlagen einander über den Strom hinweg zu ergänzen haben und voneinander nicht zu trennen sind, wenn sie benutzbar bleiben und ihren Sinn behalten sollen.

Die über den Strom hinweg liegenden Städte pflegen in der Regel aus ungleichen Teilen zu bestehen. Der kleinere von ihnen wurde vom größeren einverleibt und verzichtete damit auf eine selbständige harmonische Weiterentwicklung. Er wurde abhängig von der Versorgung durch den größeren Teil und von seiner Finanzkraft, die allein zur Erschließung des kleineren überrheinischen Nachbarn imstande war und ihr einseitige Bahnen im Dienste des großen Ganzen wies. Eine Rheingrenze würde auch besonders die kleinere nun völlig fehlgeleitete und mit großen Aufgaben belastete Gemeinde in größtem Maße beeinträchtigen und sie lebensunfähig machen. Es sei hier nur auf Deutz oder Oberkassel-Heerdt gegenüber Düsseldorf hingewiesen.

Städte, Häfen und Bahnhöfe sind am Rhein von der dauernden ungehemmten Verbindung der Ufer abhängig, und auf sie berechnet, wenn sie nicht zurückgehen und vereinsamen wollen.

Das gleiche gilt vom Strome selbst, der in den letzten Jahrzehnten in ungeahntem Umfange an Verkehrsbedeutung gewachsen ist und mehr als je das feste Band zwischen rechts und links wurde.

Seit den 30er Jahren ist der Strom durch gewaltige Regulierungen mit einem Aufwand von etwa 400 Millionen Mark, von denen ein Viertel der preußische Staat aufbrachte, bedeutend leistungsfähiger gemacht worden. Seine Verbesserung wird in Preußen durch eine einheitliche Strombauverwaltung und die Rheinschiffahrtskommission, an deren Stelle jetzt der Wasserstraßenbeirat getreten ist, ständig weiter gefördert, der sich aus den Vertretern aller an der Befahrung des Stromes Interessierten zusammensetzt. Es ist sehr fraglich, ob dieses Werk nach Trennung der Ufer erfolgreich fortgesetzt werden kann. Welche Nachteile es hat, wenn am Rhein zwei Staaten einander gegenüber liegen, zeigt das Beispiel Badens und Elsaß-Lothringens, deren Meinungsverschiedenheiten bisher die Ausgestaltung des Oberrheines zu einem zuverlässig brauchbaren Wasserwege sehr gehemmt haben. Es ist anzunehmen, daß sich dieser Zustand bei der ganzen Art der französischen Wirtschaftspolitik auf den ganzen Strom ausdehnen und dabei verschlimmern wird.

Welche Leistungen und Werte hier auf dem Spiele stehen, geht daraus hervor, daß in den deutschen Rheinhäfen im Jahre 1912 über 66¹/₄ Millionen Tonnen umgeschlagen wurden, die sich auf die wichtigsten Hafensysteme wie folgt verteilen:

| | | |
|---|---|---|
| Straßburg-Kehl | 2,8 | Millionen |
| Karlsruhe | 1,3 | „ |
| Mannheim-Rheinau-Ludwigshafen | 9,6 | „ |
| Mainz-Kastel-Amöneburg-Gustavsburg | 2,7 | „ |
| Köln-Deutz-Mülheim (Rhein) | 1,9 | „ |
| Neuß | 0,75 | „ |
| Düsseldorf-Heerdt | 1,5 | „ |
| Duisburg-Ruhrort-Rheinhausen-Homberg-Alsum-Schwelgern-Walsum | 34,0 | „ |

Den größten Anteil beanspruchte von dieser Güterbewegung der Kohlenversand mit 21,5 Millionen Tonnen, von denen 18³/₄ allein über die Duisburg-Ruhrorter Becken gingen.

Die deutsche Rheingüterflotte bestand im Jahre 1914 aus rund 560 Schleppdampfern mit 270 000 Pferdestärken und 3500 Kähnen mit 2,5 Millionen Tonnen Ladefähigkeit. Ihre Leistungsfähigkeit verdeutlicht sich, wenn man sie mit der an Schiffszahl größeren holländischen Flotte vergleicht, die 580 Schlepper mit 150 000 PS. und 7000 Kähne mit 3,5 Millionen Tonnen aufwies. Während also die Durchschnittskraft eines holländischen Schleppers 260 PS. betrug, stand die eines deutschen auf rund 500; die Ladefähigkeit eines holländischen Kahnes belief sich auf 420 Tonnen, die eines deutschen aber auf 720!

Diese Flotte liegt in der Hand einer mannigfaltigen Fülle von Unternehmen, die sich von Großbetrieben mit mehr als

50 Dampfern und mehr als 100 Kähnen bis zum kleinen Partikulierschiffer abstufen, der seinen Kahn selbst fährt.

Die vom preußischen Fiskus beherrschte Gruppe umfaßt z. B. rund 60 Güterboote und Schlepper mit 28 000 PS. und 140 Kähne mit 135 000 Tonnen Ladefähigkeit, die des badischen Fiskus rund 75 Dampfer mit 28 000 PS. und 160 Kähne mit 173 000 Tonnen Ladefähigkeit. Ein Privatunternehmen wie das der Firma Matthias Stinnes besitzt eine Flotte von 80 Kähnen mit 80 000 Tonnen und etwa 30 Schlepper.

Der Kohlenversand ist bekanntlich vom Kohlensyndikat in Form des Kohlenkontors in Mülheim-Ruhr organisiert worden, einer Handels- und Reederei-Gesellschaft mit 31,5 Mill. Mark Kapital, die von 45 Kohlen- und Schiffahrtsfirmen gebildet wird. Diese ist von den weittragendsten Folgen für die neuere Entwicklung der Rheinschiffahrt geworden, insofern, als sie die Verschmelzung zahlreicher großer Reedereien mit bergbau- und eisenindustriellen Firmen, die Bildung der sog. Zechenreedereien, verursachte, deren Zahl auf etwa 20 gestiegen ist, und von denen die 6 bedeutendsten allein mit 9 Millionen Tonnen an dem Gesamtversand des Kontors von 21 Millionen Tonnen beteiligt sind.

Es ist überhaupt bemerkenswert, daß sich der Sitz der meisten großen Firmen in der Rheinschiffahrt auf dem rechten Ufer befindet, auf dem auch wegen des Hinterlandes das Schwergewicht des Hafenverkehrs liegt.

An der Spitze stehen bei weitem Duisburg-Ruhrort und Mannheim an den Eingangspforten des Ruhrgebiets und Süddeutschlands.

Nur der Rheinseeverkehr, der allerdings in seinen Leistungen erheblich hinter den Binnenverkehr zurücktritt, macht davon teilweise eine Ausnahme, da er sich zur Hälfte in Köln vollzieht, und zwar hier infolge der Natur seiner Güter auf der linken, d. i. der eigentlichen Stadt- und Handelsseite. Hier befindet sich auch die bedeutendste ihn betreibende binnenländische Firma, die vom preußischen Staat beherrschte Rhein- und Seeschiffahrts-Gesellschaft. Dieser Verkehr wickelt sich aber in der Hauptsache — zu 70 % — mit dem jenseitigen Deutschland ab, und zwar besonders mit Hamburg und den Ostseehäfen. Er ist auch Gegenstand eines besonderen Dienstes, den große Bremer und Hamburger Reedereien, wie die Hamburg-Amerika-Linie, die Gesellschaften Argo und Neptun und auch kleinere Seefirmen, darunter die Svea in Stockholm eingerichtet haben, für den sie zum Teil in Köln Vertreterfirmen besitzen.

Die Rheinseeflotte umfaßte im Jahre 1913 immerhin 62 Dampfer mit 56 000 Tonnen Ladefähigkeit, wozu noch 86 Leichter kamen, und er bewältigte im Jahre 1912 rund 500 000 Tonnen. Für den Kölner Seeverkehr ist dabei charakteristisch, daß dieser mehr als der der anderen Rheinhäfen zugleich den Umschlag mit London betrieb, der 25 % des ganzen betrug.

Der Personenverkehr, der von etwa 100 Dampfern betrieben wird, ist in seiner Organisation ebenfalls auf beide Ufer eingestellt. Seine wichtigsten Unternehmen, die Preußisch-rheinische Dampfschiffahrts-Gesellschaft in Köln und die Dampfschiffahrts-Gesellschaft für den Mittel- und Niederrhein in Düsseldorf, betreiben ihn seit Jahrzehnten in engster Interessengemeinschaft mit gemeinsamen Fahrplänen, Anlege- und Geschäftsstellen, so daß sie dem Fernstehenden als eine einzige Firma, die sog. „Köln-Düsseldorfer Gesellschaft" erscheinen.

Ebenso betätigen sich die Verbände der Schiffahrt zu gemeinsamem Betrieb oder gemeinsamer Interessenvertretung, und zusammengesetzt aus Mitgliedern von beiden Ufern, unbeirrt über diese hinweg. Hierzu gehört neuerdings auch eine Schiffskreditbank, die in Duisburg von Banken und Reedereien mit 7 Mill. Mk. Kapital gegründet wurde in der Absicht, Pfandbriefe auszugeben, um mit deren Ertrag die Weiterentwicklung der in vollem Aufschwung begriffenen deutschen Rheinflotte zu fördern und den zurückgegangenen rheinischen Schiffsbau zu beleben.

Ein undurchdringliches Geflecht von Wirtschaftsbeziehungen verbindet demnach die beiden Rheinufer.

Es verdichtet sich noch ganz beträchtlich durch die tausendfachen Verbindungen des Güteraustausches, wie er vor allem auch über die zahlreichen, die Ufer fest aneinander schmiedenden Brücken durch Eisenbahnen und andere Verkehrsmittel in unkontrollierbarem, aber enormem Umfange vermittelt wird.

Diese wirtschaftliche Einheit wird man nicht ungestraft auseinanderreißen können. Man kann nicht mehr eine Landesgrenze einen Strom entlang mitten durch stärkste Beziehungen hindurchlegen, durch kraftvolle neue Entwicklungstendenzen hindurch, zwischen Bergwerke, Hochöfen, Stahlwerke und andere Fabriken und unter rücksichtsloser Zerschneidung von kunstvollen Stadt- und Hafensystemen.

Der Idee der Rheingrenze liegt der gleiche veraltete Grundsatz wie der des Pufferstaates zugrunde, nämlich allein der der militärischen Sicherung und der befestigten Grenzlinie.

Diese mag in West- und Mitteleuropa im Anschluß an Gebirge und andere von der Kulturentwicklung weniger beherrschte Strecken noch angebracht sein! Der belebteste Strom der Welt aber ist nicht dazu geeignet!

Wird er die Grenze, so wird das wirtschaftlich und politisch in vollständig gleicher Weise auf das betroffene Gebiet und weiterhin auf die beteiligten Staaten wie der Pufferstaat wirken.

Das rheinische Leben wird davon zerstört werden. Seine Fabriken werden darnieder liegen, seine Häfen vereinsamen, seine Städte verkümmern. Man denke nur daran, wie z. B. angesichts der Militärgrenze die am rechten Ufer dicht aneinander gereihten großen Berg- und Eisenwerke, Maschinen- und chemischen Fabriken und Großmühlen weiterleben wollen! Oder wie auf dem linken z. B. Wirtschaftszweige wie die Krefelder Seidenindustrie oder der Weinbau des Rheingaues und des Mosellandes gegenüber einem übermächtigen Wettbewerb der gleichen französischen Zweige weitergedeihen werden, oder welchen Sinn dann noch die großen belgischen, holländischen oder amerikanischen Industrieunternehmungen haben sollen, die wie z. B. die Spiegelglas- und Margarinewerke oder die großen Maschinen- und Garnfabriken der Harvester-Gesellschaft zum Teil zur Vermeidung der hohen deutschen Zölle auf deutschem Boden zwischen Strom und Grenze mit bedeutendem Kapital gegründet wurden!

Rheingrenze und Pufferstaat müssen von uns also auch aus den nüchternsten Erwägungen heraus abgelehnt werden. Wir müssen auch von der Wirtschaft aus gegen sie auf das schärfste Verwahrung einlegen und für ihre zukünftigen Folgen jede Verantwortung ablehnen, nicht nur um des deutschen Volkes, sondern zugleich um der Menschheit willen!

A. Marcus & E. Webers Verlag (Dr. jur. Albert Ahn) in Bonn

Soeben gelangte zur Ausgabe:

# Von der Revolution zur Nationalversammlung

## Die Frage der rheinisch-westfälischen Republik

von

Hochschulprofessor Dr. **Paul Moldenhauer**
Mitglied der preußischen Nationalversammlung

**Preis 90 Pfg., mit Teuerungszuschlag Mk. 1,–**

---

Der Verfasser, der als Mitglied der Deutschen Volkspartei für den Wahlkreis Köln-Aachen zur Preußischen verfassunggebenden Landesversammlung gewählt worden ist, sieht in der Revolution nicht den siegreichen Durchbruch einer großen Idee, sondern die aus der Überreizung der Nerven zu erklärende Vorwegnahme künftiger Entwicklung, einen unermeßlichen Schaden, der dem deutschen Volke zugefügt worden ist, und zwar durch die Schuld der Sozialdemokratie. Er erblickt die erste Aufgabe der Nationalversammlung in der Schaffung von Ordnung. Dazu gehört die Beseitigung der vielen Nebenregierungen, insbesondere der Arbeiter- und Soldatenräte. Der Verfasser weist warnend auf das Beispiel der Französischen Revolution, die innerhalb von 9 Jahren Frankreich in das größte Elend gestürzt hat. Notwendig sei ferner, daß möglichst schnell alle Kriegsgesetze abgebaut werden, die heute noch das Gewerbe und den Handel in enge Fesseln schlagen. Eine Lösung der Frage der rheinisch-westfälischen Republik hält der Verfasser nur möglich im Zusammenhang mit der Reichsverfassung. Sie können nur für die Rheinlande, für Preußen und Deutschland befriedigend gelöst werden, wenn alle Beteiligten einträchtig zusammenarbeiten und alle Nebenabsichten zurückstellen.

Druck der Kölner Verlags-Anstalt und Druckerei, A.-G.

FSC
www.fsc.org
MIX
Papier | Fördert gute Waldnutzung
FSC® C083411

Kolibri 360 GmbH
Ferdinand-Jühlke-Straße 7
99095 Erfurt, Deutschland
produktsicherheit@kolibri360.de